मुक्तांगन

कैलाश नारायण त्रिगुनायत

यह पुस्तक पूज्य पिता स्वर्गीय राजकिशोर त्रिगुनायत एवं माता स्वर्गीय शुबराजी देवी को समर्पित।।

तथा

यह पुस्तक विशेष रूप से हर क्षण प्रत्येक स्थिति में मेरा साथ देने वाली तथा मेरी प्रेरणा स्रोत धर्मपत्नी श्रीमती हीरावती देवी को समर्पित है।।

क्रम-सूची

क्रम-सूची

लेखक परिचय

कैलाश नारायण त्रिगुनायत का जन्म उत्तर प्रदेश के जौनपुर जिले के बदलापुर तहसील के अंतर्गत आने वाले सांगोडीह नामक छोटे से ग्राम में २,जुलाई,१९४९ को हुआ था। उस वक्त देश गुलामी की जंजीरें तोड़ आजादी के मार्ग पर प्रशस्त था। इन्होंने शुरुआती शिक्षा अपने ही जिले में प्राप्त की तथा इसके उपरांत उच्च शिक्षा के लिए कानपुर विश्वविद्यालय में प्रवेश लिया, वहां से भूगोल विषय में मास्टर्स की डिग्री प्राप्त की। उसके बाद इन्होंने जुलाई,१९७३ में जनता इंटर कॉलेज,मऊआइमा में भूगोल प्रवक्ता के पद पर कार्य करना शुरू कर दिया। तीस वर्ष के शिक्षण के बाद कैलाश नारायण तिवारी जी इसी विद्यालय में प्रधानाचार्य के पद पर पाँच वर्षों तक कार्य किया तथा इस दौरान इन्होंने अपनी नीतियों एवं आदर्शों से विद्यालय को एक अलग मुकाम तक पहुँचाया।

कर्म को सबसे बड़ा हथियार मानने वाले त्रिगुनायत जी अपनी दूरदृष्टि एवं आदर्शों के कारण समाज में अत्यंत लोकप्रिय रहे।

उच्च शिक्षा के दौरान कॉलेज के दौरों की वजह से विभिन्न स्थानों का भ्रमण भी किया।उन्होनें 'दशा' नामक कविता राजस्थान भ्रमण के दौरान ही लिखी थी।

त्रिगुनायत जी की रचनाएँ भले ही श्रृंगार और करूण रस में ओतप्रोत हो,लेकिन असल जीवन में वे काफी सख्त एवं आदर्शवादी व्यक्ति है।

माननीय आशुतोष राणा जी की रचना "बाबूजी" पढ़ने के बाद यह एहसास हुआ कि जैसे उन्होंने यह पक्तियाँ त्रिगुनायत जी के लिए ही लिखी गई हो-

घर की बुनियादें,दीवारें,बाम और दर थे बाबूजी,
और सबको बांधे रखने वाला खास हुनर थे बाबूजी,
भीतर से खालिस जज़्बाती ऊपर से ठेठ पिता,
अलग,अनूठा,अनबूझा सा इक तेवर थे बाबूजी,
सारे घर का अनुशासन क्या सारा घर थे बाबूजी।।

प्रस्तावना

माँ सरस्वती की प्रेरणा से प्रज्ञाचक्षु का आभास हुआ,शिक्षण कार्य से हटकर काव्य की मधुर प्रवाह से स्वत: और समाज को एक संदेश दे रहा हूँ।

मन एक भाव प्रकृति की अनुपम छटा में हर प्रकार के बौद्धिक विकास का आँगन है। इसमें यह प्राणी अपने को अवगाहित करके समाज के मुक्तांगन में अपने भाव को कर रहा है,जो जन जन के अंदर भाव का उत्प्रेरक बनें।।

इस आशय से समाज से अपेक्षा करता हूँ कि इस तुच्छ भेंट सन्देश को ग्रहित करके अपने मन को कवित रूप में प्रदर्शित करें।।

-कैलाश नारायण त्रिगुनायत,भूगोल प्रवक्ता (सेवानिर्वृत प्रधानाचार्य,जनता इंटर कॉलेज,मऊआइमा)

1. वन्दना

हे अम्ब वीणा वादिनी,वीणा को हाथ उठाइ ले।
मैं मोह माया में घिरा हुआ,शीघ्र आइ प्रकाश दे।।
माँ तेरे चरणों का दास हूँ,अज्ञान दूर भगाइ दे।
जय शारदे,जय शारदे,तू जगतजननी माँ शारदे।।
हो ज्ञान विकसित माँ भारती,भारत में मेरा नाम हो।
कर दे कृपा हे वादिनी,दारिद्र अविद्या नाश हो।।
अभिमान तम हो दूर,विद्या की झलक बिखराइ दे।
हर्षाइ दे जन को जननी,विद्या सुधा के पान से।।
जय शारदे,जय शारदे,तू जगतजननी माँ शारदे।।
है आश पर तेरे रूका,यह मनुज तन धारिणी।
पथ दूर को पथ दान दो,हे वाक् वीणा वादिनी।।
मूक से वाचाल जग हो,विश्व जिह्वा वासिनी।
'कैलाश' के तुम मन बसहुँ, हे हँस वाहन गामिनी।।
हे अम्ब वीणा वादिनी,वीणा को हाथ उठाइ ले।
जय शारदे,जय शारदे,तू जगतजननी माँ शारदे।।

2. स्मृति

आलोकित है उद्गार झलक,
अम्बर के अन्तस्थल से।
उत्क्षिप्त भाव प्रभुता का,
कल्पित नर पद चिन्ह रहा।।
अवगाहन पथिक न पाते,
नभगंगा की धाराओं में।
फिर भी सिंचित होते,
त्रिगुण भक्ति धाराओं से।।
प्रकोष्ठ के आवर्तन में-
परिवर्तन रूप झलकता है।
नित प्रति द्रष्टव्य जगत का,
स्तब्ध भाव रह जाता है।।
बीत चुकी युग सदियाँ,
फिर भी आस्था अकाट्य रही।
स्थान वहीं पवमान नहीं,
द्रुत चाल गया पर ग्रास नहीं।।
युग-युग अज्ञात शिलाओं से,
उपहास प्रारूप संजोया।
विकृत दशा उर मंथन से,
सौजन्य रूप हो पाया।।
अज्ञात दिशा अभिज्ञात बनी,
निष्पक्ष भाव संताप रहा।
संस्थति के आभ्यन्तर में,

जागृति का आभास रहा।।
स्मृति है यह पुनर्जागरण,
परत्व अभाव युगांतर से।
कायिक छाया माया से-
संतप्त हीन बन जाती है।।
आपूर्ण था करतल तक,
प्रतिछण की जिज्ञासा।
सूने प्रांगड़ सत्पथ से,
क्षण स्मृति भर जाती है।।

3. पुकार

तुम याद दिलाती हो जग में !
प्राची दिशि के प्रांगण में,
आलोक यहाँ पर आया।
मग्न हुए हैं दग्ध हृदय,
जब रूप नया हो आया।।
तुम याद दिलाती हो जग में !
हुआ उदित है भाग्य किसी का,
ज्ञात नहीं हो पाता है।
गुंजार सुनाई देता है,
मुस्कान नहीं भर आता है।।
तुम याद दिलाती हो जग में !
खिल उठे जगत के पुष्प सभी,
असहाय अवलम्बन पाये।
दुःख,दर्द,हृदय की आकांक्षा,
किंवदंती बन के आये।।
तुम याद दिलाती हो जग में !
मुस्कान नहीं है अधरों पर,
बिखराव हुआ है अलकों में।
परिहास गगन में डूबी सी,
नवनीर बहाए मेघों से।।
तुम याद दिलाती हो जग में !

4. प्रतीक्षा

घिर रही घटायें काली,
बरसात करेंगी क्या आली।
पर भीगा अंचल मेरा,
यह पानी है या आँसू।।
सागर सी उठती तरंगें,
मन्थन उर का है करती।
यौवन की उठती उद्गारें,
आंसू बन कर है आती।।
तड़ित घनों की चिंगारी,
मन में है साहस भरती।
अब आया प्रियतम मेरा,
है आश हृदय में भरती।।
काले-काले बादल के,
उमड़ रहे थे यौवन।
चली हवा मतवाली,
नष्ट हुए सब यौवन।।
टीस सहन को कर करके,
पल-पल तुमको निहारा।
पथिक गया तू दूर कहाँ,
कैसे मन को मिले सहारा।।
मन में सोचा करती थी प्रियतम,
जब आएगा मेरे पास कभी।
शीघ्र तभी कह दूंगी उनसे,

अरमान मिटा लो आज सभी।।
बीत चली अब रात सखी,
मन यौवन को शान्ति नहीं।
फिर भी भगवन आयेंगे तो
अश्रु पलक से चूम ही लूंगी।।

5. दशा (राजस्थान के प्रति)

देखो इस मृतमयी भू को !
तृष्णाओं का का अवसाद लिए,
मेघ निनाद कभी नहि देखा,
भानु प्रखर की किरणों में-
देखो इस मृतमयी भू को !
उष्ण ताप नहि शिशिर वात,
दहकता में सब सकल-समाज,
भूतकाल की संस्कृति जिसकी,
देती है नवयुग की भेरी।
देखो इस मृतमयी भू को !
नव वधू नवोड़ा सी झुलसी,
हरित घास की वल्लरियाँ,
पर निशा पराग के आलिंगन से,
पूर्व दशा मिल जाती है।
देखो इस मृतमयी भू को !
तृषित आत्म को नेह कहाँ,
जब मानस पर नीर नहीं,
नारी कलस को गहे हुये,
विहसत जल को भरत रही।
देखो इस मृतमयी भू को !
शून्यख सी यह भू,
विपुल धूल को साथ लिए,

भुजा विशाल गहन आलिंगन में,
चतुर्दिशा की संसृति भर ली।
देखो इस मृतमयी भू को !
अतुल पयोधि का अवरूद्धवना,
खाइ मात सब गर्व ढ़हा,
निर्बल को तब शरण मिला,
आइ समाहित फिर मिट गया।
देखो इस मृतमयी भू को !
मरू में व्याप्त कलायें,
सब गुण को बतलाती है,
वीर प्रताप और अन्य वीरों के,
स्वाभिमान को गाती हैं।
देखो इस मृतमयी भू को !

6. खण्डहर

आज भवन की छाया।
नीरवता का संसार लिये।।
सूने प्रांगण की काया में
दुःखी जनों का मीत कहाँ,
आज स्वरूप की छाया में
उत्थान-पतन का गीत रहा।।
आज भवन की छाया।
नीरवता का संसार लिये।।
यह एक कल्प के इतर की
महिमा का उद्भाषित कारक है,
तनु लता वितान से बढ़कर
फूल-फास की संसृति है।।
आज भवन की छाया।
नीरवता का संसार लिये।।
भवन विलोरन की उत्कंठा में
नव मानव उर कम्पित था,
अयन विलोपन की जागृति से
आलोड़ित हिय द्रव भूत हुआ।।
आज भवन की छाया।
नीरवता का संसार लिये।।
व्याप्त चतुर्दिक सदृम लता
त्रृषि स्वरूप का भाव भरें
जड़ जगम की विकृत दशा

चेतनता संश्लिष्ट करें।।
आज भवन की छाया।
नीरवता का संसार लिये।।
त्रिगुण गुणों से मंडित है
विधान न परिवर्तन का झलका
पर जीव निमूढ़ बना बैठा
काया जन्म तिलांजलि है।
आज भवन की छाया।
नीरवता का संसार लिये।।
रहा न पुजारी कोई उसमें
सेवा विहीन सब सद्म ढ़हा
रहा सहारा इक सागर का
नेह हीन सब आश ढ़हा।
आज भवन की छाया।
नीरवता का संसार लिये।।
भूतकाल की छाया की
बलवती बनी स्मृति केवल
त्रिगुण हृदय संसर्ग किया
भाव विकलता अभिषाप लिया।
आज भवन की छाया।
नीरवता का संसार लिये।।

7. पता नहीं

पनघट पर कितने घट फूटे,
पनघट को इसका पता नहीं।
मरघट ने कितने घर लूटे,
मरघट को इसका पता नहीं।।
दो नयन घटा के घूंघट में,
ना जाने क्या कह जाते हैं।
किसके नैनों की क्या भाषा,
घूँघट को इसका पता नहीं।।
मदिरा पीने में देखो,
मस्ती-मस्ती को खा जाती है।
प्याली में कितने डूब गए,
तलछट को इसका पता नहीं।।
है प्रेम पंथ अधिक कठिन,
कितने आए,कितने गुजरे।
कितने डूबे,कितने उभरे,
आहट को इसका पता नहीं।।
पनघट पर कितने घट फूटे,
पनघट को इसका पता नहीं।
मरघट ने कितने घर लूटे,
मरघट को इसका पता नहीं।।

8. मिलन (खण्ड काव्य)

"

वियोगी होगा पहला कवि, आह से उपजा होगा गान,
निकल कर आँखों से चुपचाप, बही होगी कविता अनजान!"
अनुभूति के कवि सुमित्रानंदन पंत जी की यह लाइनें हमे
यही बताती हैं कि कविता का जन्म वियोग और आह के
बीच हुआ!
कैलाश नारायण त्रिगुनायत जी द्वारा रचित खण्ड काव्य
'मिलन' को पढ़ने के बाद आपको ऐसा लगेगा की शायद
पंत जी ने यह पंक्तियाँ शायद इसी खण्ड काव्य के कारण
लिखीं होगी।
वियोग श्रृंगार रस में लिखा गया यह खण्ड काव्य त्रिगुनायत
जी के वियोग को शत प्रतिशत प्रदर्शित करने में सफल
रहा।।

हे शशि मुखी आज तुम-
आनन दिखा दो मुझको।
हृदय विकल है मेरा,
मधुपान करा दो मुझको।।(१)
बालकाल की आँख मिचौनी,
स्मृति को ले आती है।
आत्म चपलता थी कितनी-
मनस्थल पर बिखराती है।।(२)
अलक तुम्हारे थे घुँघराले,
छवि विहीन सब कान्ति रहा।
हृदय उमंग से वंचित थे,
स्वार्थहीन सब प्रेम रहा।।(३)
अब अलक बिछोह तेरा,
मिलने को उत्कंठित है।
शुष्क हृदय का घेरा,
सब सरस हुआ है।।(४)

निर्जीव बना मैं भी था तब-
उलझन को स्थान नहीं।
कचरूप वह भाव लिया,
अन्तरतम को स्थान दिया।।(५)
अर्ध विकसित रूप यह,
मधुपों का आमंत्रण है।
कंटकों के आघात से,
सौन्दर्य तुम्हारा रक्षित है।।(६)
पूर्ण विकास की आशा,
जीवन का उद्भाषक है।
अलिरूप प्रेत से किसका,
जीवन मूल्य चुकाना है।।(७)
रूप रेख यह तेरा,
किरण जाल है सबका।
बचा रहा न कोई,
अडिग हृदय है किसका।।(८)

लावण्यमयी सुन्दरता,
मन मोहकता लाने वाली।
मधुर हृदय है कम्पित,
अभिषाप तुम्हीं देने वाली।।(९)
ऊषा वनी है तुमने,
नव विकास देने में।
याचक रहा न कोई,
मधुर पुकार सुनने में।।(१०)
दर-दर भटक रहा था,
अज्ञान निशा की काया में।
वह प्रबल वनी थी इतनी,
था पथ का कुछ ज्ञान नहीं।।(११)
हृदय क्षुब्ध! यह विश्व रूप-
आत्मसात का परिचायक है।
शरण तिरोहित हुआ न कोई,
अंतिम श्वास समाहित है।।(१२)

पवन भार की गति का,
भाव तुम ही में देखा।
विकल प्रेम के मग का,
संतोष हृदय में पाया।।(१३)
यह रूप विकास की माया,
मुझको बंधन में डाल रही।
मधुर हँसी की सुकृत दशा,
नवजीवन को ललकार रही।।(१४)
जिसका जीवन बंधन में है,
मधुर हँसी के वर्मों से।
भाव विलगता का उसमें,
कभी न लक्षित होता है।।(१५)
निज पथ को विस्मृत करती,
हैं मय अंधकार की छाया।
सत्पथ का रूप दिखाती,
जब सुरभित गीत सुनाया।।(१६)

बहुत दिनों से आकुलता थी,
प्रियतम के दर्शन पाने की।
तन दाहकता बढ़ जाती थी,
हृदय हूक आघातों की।।(१७)
आज हृदय की दाहकता में,
शीतलता का आभास मिला।
शुष्कता के अभिशापों से,
मनमोहकता का वरदान मिला।।(१८)
रूप तेरा आलिंगन का,
मुझ में भाव बढ़ाता है।
पूर्व कथा की स्मृति से,
उद्गार संकुचित हो जाता है।।(१९)
सौंदर्य तुम्हारा किसको,
तत्पर है छलने में।
बचा न सकेगा उनको,
मधुर वाक वीणा में।।(२०)

हृदय तर्क के भावों से,
ओत-प्रोत हो जाते थे।
मलय सिंधु के झोंकों से,
अवशेष नहीं हो पाते थे।।(२१)
वह प्रेम मिलन की बेला,
सब कर्मों की याद दिलाती है।
हृदय शुष्क का घेरा,
नव मधुर गान भर लाती है।।(२२)
चेरी रूप समान बनी,
मृदुता आकर तुममें।
औचित्यता का अवगुंठन,
दूर धरी है तुमने।।(२३)
निहित भाव क्षण-क्षण के,
ज्ञात नहीं हो पाते हैं।
क्षणिक हृदय को ठेस लगे,
भाव रहित हो जाते हैं।।(२४)

मुक्त नहीं जग का,
प्राणी कभी न कोई।
यह खेल दिखाता सबको,
भव बंधन की अंगड़ाई।।(२५)
रूप राशि में संचित है,
सब मानव की वल्लरियाँ।
क्वणित हृदय का गीत श्रवण है,
अभिशापों की श्रद्धांजलियाँ।।(२६)
अलक अजस्र तेरे में-
आच्छादित है रूपसुधा।
भला हुआ कि तेरे में-
राका को आवास मिला।।(२७)
वह रूप अनूप किसका,
मतिभ्रम भाव बढ़ाने में।
चिर शास्वत अज्ञानी का,
सम्वल दशा दिलाने में।।(२८)

प्रकोष्ठ के आवर्तन में-
परिवर्तन रूप निखरता है।
नित व्याप्त विकास सुधरता,
आकर्षण शून्य झलकता है।।(२९)

अधर प्रभा की ज्योति,
मन छलना की पूर्ति बनी।
विहंग दृष्टि के पावक में,
नव उमंग उत्साह भरी।।(३०)

विहसित मधुर रूप तेरा,
आलोक में जब व्याप्त हुआ।
सागर का उद्गार तभी,
मानव का अभिशाप हुआ।।(३१)

सुमन स्वभाव तुम्हारा,
हृदय पर अंकित है।
व्याप्त सदा जग में,
जीवन झलक तुम्हारा है।।(३२)

अदृश्यमान वह दृष्टि,
सृष्टि विधायक का घेरा।
स्रष्टा-द्रष्टा के अज्ञानी को,
ज्ञानी सदा दिखाता।।(३३)
मापक तुल्य चाँदनी सी-
सबके दृगों पर छायी हो।
मन्मथ का उपहास कराने,
क्या भूतल पर आयी हो।।(३४)
पावक चंद्र सुमन सी,
चंचला कीर्ति तुम्हारी।
निर्मल जल स्रोतों सी,
स्निग्धा हृदय कर देती।।(३५)
एकांगी का अवलोकन,
सामाजिकता का ह्रास किया।
सामीप्य नयन की रेखा,
मन को अवरूद्ध किया।।(३६)

क्षण-क्षण का अनुकरण,
प्रतिफल का पूरक है।
असार जगत का जीवन,
नव चंद सरूप तुम्हारा है।।(३७)
नील गगन के मध्य की,
कामिनी कला तुम्हारी।
विकृत दशा संताप रहित,
बंधन त्याज्य हमारी।।(३८)
नित व्याप्त अलौकिकता का,
भेद नहीं खुल पाने को।
क्षणिक ग्रन्थि पर जोर पड़ा,
सब रूप रेख मिट जाने को।।(३९)
युग-युग से यह रूप,
स्थिरता से दूर रहा।
अनुमान सभी का मूक,
पवमान सा गतिमान रहा।।(४०)

सागर के सिहरन सा,
पट झीन झलक का मर्म रहा।
चपलता के आगोश में,
विद्युत का प्रतिरूप रहा।।(४१)
जब मेरा हृदय किसी के,
मधुरूप पुकार सुने थे।
तब प्रेम पयोधि उसी के,
मन में उद्भव हुये थे।।(४२)
प्रेम उदग्र की किरणें,
जीवन की संचार बनीं।
पर माया की काया-
सबका आक्रोड़ बनी।।(४३)
नवोदित के भावों में,
विकल तुम्हारी भौंहैं।
पवमानों के नील नभों में,
जीवन की रेखायें।।(४४)

विकल हृदय की तन्त्री,
आलोक मधुप की मधू बनी।
सुर शाश्वत की झनकारें,
विहगावन की गान बनी।।(४५)

अर्पण करना सीखा,
केवल एक हमीं ने।
प्रारूप कल्पना रूखा,
अवगाहन किया सभी ने।।(४६)

उर की उठी हिलोरें,
पुंज प्रकाश निरखतीं।
उदय अस्त की कोरें,
रूप अनन्त बदलतीं।।(४७)

आरत का प्रेम मिलन,
मुक्त कंठ से स्वर से।
कीर्ति तुम्हारी ज्योति बनेगी,
नव अंकुर हो अन्तस्थल में।।(४८)

पग तल अनुसरण करती,
पर देख नहीं पायी।
अपमान किरण फूटी,
नैराश्य वहीं भर आयी।।(४९)
लक्षण मिला न कुछ भी,
निष्पत्ति काल आने पर।
उपहार रूप में अर्जित,
उपहास हमारे सिर पर।।(५०)
अजब मिलन की माया,
सार जगत की जाल बनी।
फसा तिरोहित हो न पाया,
रूप भवन की रीति रही।।(५१)
अरुणोदय की रूप कला,
ललक पलक में जन्मी।
गुंजार हृदय में झलका,
भवताप मनुज में खेल बनी।।(५२)

अरुण ओष्ठ चितवन में-
मुग्ध हृदय होता है।
मधुर टीस भयभीत अधर से-
किसको सुनायी देता है।।(५३)
क्या! यहीं सिखाया विधि ने,
मुख दर्द सुनाओ सबको।
देख धरा के देव जनों ने,
मनधीर धराये जग को।(५४)
क्षण-क्षण जग के कण-कण-
गिर भी रहे हैं मिट भी रहे हैं।
हम-तुम सोच में डूब-डूब,
आ भी रहे हैं जा भी रहे हैं।।(५५)
हा! अतुल अकार जग क्रीड़ा,
विहग रूप अजायव है।
नर नश्वरता की वीणा,
जीव ब्रह्म का गायक है।।(५६)

चल रही श्वास पल-पल,
ध्यान दूर हो जाने को।
प्रिये विमुख हो जन्म-जन्म,
कर्म साथ ही जाने को।।(५७)
रही साँस तो आश नहीं,
निराशा मेरे साथ रही।
हम दोनों के जीवन की-
धर्म कहानी जाग रही।।(५८)
वांछित मिलन तुम्हारा,
अंकित प्रभु का पाने को।
सायुज्य हीन जग तल पर,
'कैलाश' नेह संदेश रहा।।(५९)

www.ingramcontent.com/pod-product-compliance
Lightning Source LLC
Chambersburg PA
CBHW031432160726
47993CB00003B/1513